Collection de feu M. M***

(DEUXIÈME VENTE)

Estampes Anciennes

DE TOUTES LES ÉCOLES

Principalement
DE L'ÉCOLE FRANÇAISE DU XVIIIe SIÈCLE

Imprimées en noir et en couleurs

ESTAMPES ET DESSINS EN LOTS

MAI 1906

COMMISSAIRE-PRISEUR

Me LÉON ANDRÉ, 3, rue La Boëtie

EXPERTS

MM. MARIUS PAULME & B. LASQUIN FILS
10, rue Chauchat   12, rue Laffitte

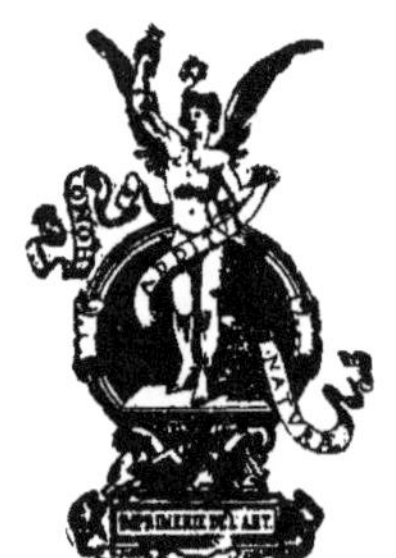

CATALOGUE

DES

ESTAMPES ANCIENNES

De toutes les Écoles

PRINCIPALEMENT

DE L'ÉCOLE FRANÇAISE DU XVIIIᵉ SIÈCLE

IMPRIMÉES EN NOIR ET EN COULEURS

ESTAMPES ET DESSINS EN LOTS

LE TOUT PROVENANT DE LA

Collection de feu M. M⋯

ET DONT LA DEUXIÈME VENTE AURA LIEU

HOTEL DROUOT, SALLE Nº 8

Le Samedi 5 Mai 1906

à deux heures

COMMISSAIRE-PRISEUR

Mᵉ **LÉON ANDRÉ**, 3, rue La Boëtie

EXPERTS

MM. PAULME & B. LASQUIN FILS
10, rue Chauchat | 12, rue Laffitte

PARIS

CONDITIONS DE LA VENTE

La vente sera faite expressément au comptant.

Les adjudicataires paieront *dix pour cent* en sus des enchères.

Les experts se réservent, dans l'intérêt de la vente, de réunir ou diviser les lots ; ils rempliront, aux conditions d'usage, les commissions que voudraient leur confier les amateurs ne pouvant assister à la vente.

L'ordre numérique du Catalogue sera suivi.

Paris. — Imprimerie de l'Art, E. Moreau et Cie, 41, rue de la Victoire.

DÉSIGNATION

ARDELL (J.-M.)

1 — *Moïse sauvé des eaux. — Le Temps coupant les ailes de l'Amour.*

> Deux pièces en manière noire, d'après M. Van Dyck. Belles épreuves.

AVRIL

2 — *Le Patriotisme français. — La Double Récompense du mérite.*

> Deux pièces faisant pendants. Bonnes épreuves. Marges.

BOISSIEU (De)

3 — *Paysages et Études.*

> Soixante-trois pièces à l'eau-forte.

4 — *Paysages et Études.*

> Trente-huit pièces à l'eau-forte.

BONNARD (N.)

5 — *L'Aurore :* Le Matin. — *Vénus :* Le Midy. — *Proserpine :* Le Soir.

> Trois pièces d'une suite de quatre, en bonnes épreuves, avec marges.

BONNARD ET TROUVAIN (Chez)

6 — *Costumes*.

> Trente-cinq pièces, dont un grand nombre de costumes
> de femmes.
> Belles épreuves, avec marges.

BOSSE (Abraham)

7 — Trente-huit pièces provenant de diverses *suites* de
l'œuvre du maître.

> Bonnes épreuves.

BOSSE (Ab.) ET LE BLOND

8 — *Les Cris de Paris*.

> Suite de douze pièces.
> Bonnes épreuves. Marges.

BOUCHER (D'après F.)

9 — *Paysage et Pastorales*.

> Cinq pièces en bonnes épreuves, avec marges.

BRIOT (J.)

10 — *Le Portrait de Très hault, très puissant, très excel-
lent Prince Henry le Grand*.

> Intéressante pièce publiée à Paris en 1610, à la mort de
> Henri IV, chez Nicolas de Mathonière.
> Très belle épreuve.

CARMONTELLE (D'après)

11 — *Paysages et Figures*.

> Dix pièces.

COCHIN (Les)

12 — *Vignettes et sujets divers.*

Environ cent vingt pièces.

13 — *Sujets de genre et divers.*

Environ soixante-cinq pièces.

COPIES

14 — *Reproductions d'estampes du XVIIIe siècle.*

Dix-huit pièces.

COYPEL (D'après Ch.)

15 — « *L'Air grave que je fais paraître* », par Lépicié.

Deux bonnes épreuves, dont une à grandes marges.

16 — *Psyché. — Les Femmes sçavantes. — George Dandin. — M. de Pourceaugnac. — L'École des Femmes.*

Cinq pièces pour illustrer Molière, par Joullain. Très belles épreuves. Marges.

17 — *Jeu d'enfants*, etc.

Quatre pièces, par Lépicié, Botet et Joullain. Bonnes épreuves.

18 — *La Jeunesse dans les habillements de la décrépitude. — La Folie pare la Décrépitude des ajustements de la jeunesse.*

Deux pièces faisant pendants, par Surugue et M. Lépicié. Belles épreuves. Marges.

19 — *Madame de *** en habit de bal*, par L. Surugue.

Superbe épreuve à toutes marges d'un rare et beau portrait.

DAVID (D'après)

20 — *Habit civil du citoyen français. — Le Représentant du peuple en fonction.*

Deux pièces, par Denon, coloriées. Marges.

DESFRICHES (D'après)

21 — *Paysages.*

Trente-cinq pièces en noir. Marges.

DIVERS

22 — Sujets pastoraux, religieux et autres de différentes écoles.

Seize pièces. Bonnes épreuves.

DUPLESSIS-BERTHAUX

23 — *Épisodes de la Révolution.*

Vingt et une pièces, petit in-fol.

24 — *Vignettes, épisodes de la Révolution et autres.*

Environ cent pièces.

DURER (A.)

25 — *Le Seigneur et la Dame.*

Eau-forte originale.
Très belle épreuve.

ÉCOLE FRANÇAISE DU XVIIIᵉ SIÈCLE

26 — *L'Économe. — La Flore. — La Jeune Sultane. —*

— Le Peintre. — Le Chantre à table, etc.

Huit pièces. Belles épreuves.

ÉCOLE FRANÇAISE DU XVIII° SIÈCLE

27 — *Sujets de genre et autres.*

> Environ quarante pièces.

28 — *Sujets divers.*

> Environ quatre-vingt-cinq pièces.

EISEN (D'après Ch.)

29 — *Les Contes de La Fontaine.*

> Quatre-vingt-cinq pièces, vignettes, dont le portrait de La Fontaine, d'après Rigaud, par Macret.
> Très belles épreuves. Remargées.

ENVIRONS DE PARIS

30 — Soixante pièces, par Israël Sylvestre, Perelle et autres.

> Bonnes épreuves.

FESSARD

31 — *Bal de Saint-Cloud.*

> Pièce en largeur, intéressante pour les costumes.
> Bonne épreuve. Petites marges.

GARNERAY

32 — *Vue du Port de Calais. — Vue du Port de Bordeaux.*

> Deux pièces imprimées en couleurs avant la lettre. Belles marges. Rares.

GARNIER (D'après)

33 — *Passage du Ruisseau*, par Petit.

> Belle épreuve coloriée.

GRAVELOT (D'après)

34 — *Vignettes et sujets divers.*

Quatre-vingts pièces environ.

GUTENBERG

35 — *Sujets de genre et autres.*

Quatre pièces.

HAMILTON (D'après)

36 — *Les Mois,* et autres.

Trente-deux pièces en noir.

HOUEL (D'après)

37 — *Paysages avec figures.*

Trente-cinq pièces en noir et à la sanguine.

HUET (D'après J.-B.)

38 — *La Belle Dormeuse. — La Belle Jardinière.*

Deux pièces faisant pendants, par L. Bonnet.
Très belles épreuves en couleurs. Marges.

JANINET (F.)

39 — *Sully,* médaillon ovale, d'après Rubens.

Belle épreuve en couleur.

LARMESSIN (De)

40 — *Frère Luce,* d'après Vleughels.

Très belle épreuve avant l'adresse, de Buldet. Marges.

LATOUR (D'après M.-Q. De)

41 — *Portrait de Femme,* par Surugue.

Très belle épreuve.

LAVREINCE (D'après N.)

42 — *La Consolation de l'absence*, par N. de Launay.
Superbe épreuve, avec marges.

43 — *La Marchande à la toilette*, par Vidal.
Épreuve avec grandes marges.

LE BARBIER L'AINÉ

44 — *Vignettes diverses.*
Vingt-deux pièces, avec marges.

LECLERC (Séb.)

45 — *Paysages et sujets divers.*
Environ quatre-vingt-dix pièces.

LE PRINCE (D'après)

46 — *Vignettes, costumes, paysages*, etc.
Environ cent pièces.

LE VEAU

47 — *Paysages et sujets divers.*
Quatre pièces.

LIVRE

47 *bis* — *Représentation des fêtes données par la Ville de Strasbourg*, pour la convalescence du Roy, sous la direction de J. Weiss.
Frontispice, portrait, planches et texte gravé. In fol. cart.

MALLET (D'après)

48 — *L'Impatience amoureuse. — Les Bonnes amies.*
Deux médaillons ovales faisant pendants, par de Sève.
Très belles épreuves en bistre. Marges.

MÉRYON (C.)

49 — *Vue à vol d'oiseau du Collège Henri IV.*

Belle épreuve avec l'adresse de Rochoux. Toute marges.

MIGNARD (P.)

50 — *Sujets mythologiques et autres.*

Cinq pièces.

MONNET (D'après)

51 — *Exécution de la reine Marie-Antoinette,* par Helman.

Belle épreuve avant la légende. Marges.

NILSON

52 — *Arabesques, cartouches et ornements divers.*

Soixante-cinq pièces environ.

OSTADE (A. Van)

53 — *Le Charlatan.*

Eau-forte originale. Bonne épreuve.

54 — *Le Goûté* (sic), eau-forte originale.

Très belle épreuve avant divers travaux. Sans marges.

OUDRY (D'après J.-B.)

55 — *Animaux, sujets de chasse,* etc.

Quarante pièces. Bonnes épreuves.

OZANNE (D'après)

56 — *Vues de ports* et *marines.*

Cinquante-cinq pièces, avec

PARROCEL (D'après)

57 — *Détachement de cavalerie. — Halte des Gardes-
Suisses.*

> Deux pièces par Le Bas. Belles épreuves. Marges.

PICART (B.)

58 — *Coutume observée à la Pentecôte. — Manière dont
on rend le pain bénit*, etc., et autres.

> Huit pièces. Bonnes épreuves.

QUEVERDO (D'après)

59 — *Le Sommeil interrompu*, par Dambrun.

> Très belle épreuve. Grandes marges.

RICHTER (I. C. A.)

60 — *Vues de Dresde et de ses environs.*

> Suite de quatorze pièces au trait et lavis de sépia.
> Très belles épreuves, avec marges.

RIGAUD (J.)

61 — *Le Bassin d'Apollon. — Le Bassin d'Encelade,*
etc.

> Trois pièces.

RUGENDAS

62 — *Le Dejeûner à la chasse. — Retour de la chasse.*

> Deux pièces in-fol. en travers, imprimées en bistre.
> Belles épreuves, avec marges.

SAINT-AUBIN (D'après Aug. de)

63 — *Le Bal paré. — Le Concert.*

> Deux pièces faisant pendants, par J. Duclos. Belles
> épreuves, la première avant l'adresse de Chéreau. Petites
> marges.

SAINT-SAUVEUR

64 — *Costumes du Directoire.*

>   Vingt-sept pièces à l'aquatinte et coloriées.

SERGENT (A.)

65 — *Il est trop tard...*

>   Superbe épreuve en couleurs, avec marges. Rare.

TARDIEU

66 — *Trompe-l'œil,* d'après Gatteaux.

>   Belle épreuve en couleur.

TROUVAIN (A.)

67 — *L'Air. — Le Feu. — L'Eau. — La Terre.*

>   Suite de quatre pièces. Bonnes épreuves, avec marges.

68 — *Le Printemps. — L'Été. — L'Automne. — L'Hiver.*

>   Suite de quatre pièces. Bonnes épreuves avec marge.

69 — *Troisième appartement.*

>   Très belle épreuve. Petites marges.

TROOST

70 — *Sujets de genre.*

>   Sept pièces.

VANGORP (D'après)

71 — *Le Déjeûner de Fanfan. — Ah! qu'il est joli.*

>   Deux pièces faisant pendants, gravées par Malles.
>   Superbes épreuves en couleurs. Grandes marges.

VANLOO (D'après)

72 — *Le Coucher*, par Porporati.

Superbe épreuve avant toute lettre. Marges.

VERNET (D'après J.)

73 — *Les Ports de France*, par C.-N. Cochin et Le Bas.

Suite de quatorze pièces, gr. in-fol. en travers. Marges.

74 — *Le Vieux port de Toulon*, par C.-N. Cochin.

Très belle épreuve à l'état d'eau-forte pure, avant toutes lettres. Plus une autre estampe : *Vue des galères de Naples.* Deux pièces.

VIEN (D'après)

75 — *Sujets mythologiques et autres.*

Quinze pièces.

VLEUGHELS (D'après)

76 — *Sujets mythologiques*, et autres.

Environ trente-sept pièces.

VUES D'OPTIQUE

77 — *Le Palais des Tuileries. — Le Château de Vincennes.*

Trois pièces coloriées. Marges.

VUES DE PARIS

78 — Quarante-deux pièces, par Israël Sylvestre, Perelle et autres.

Bonnes épreuves.

WATTEAU (D'après)

79 — *L'Enlèvement d'Europe*, par Aveline.
Très belle épreuve. Marges.

WATTEAU (D'après)

80 — *La Pollonnaise* (sic). — *La Sultane*.
Deux pièces, par Aubert et Audran.
Très belles épreuves. Marges.

81 — Sous ce numéro, qui sera divisé, seront vendues par lots, quantité de gravures anciennes des XVIIe et XVIIIe siècles.

DESSINS ANCIENS ET MODERNES

82 — Sous ce numéro, qui sera divisé, seront vendus par lots, quantité de dessins anciens et modernes de toutes les écoles.

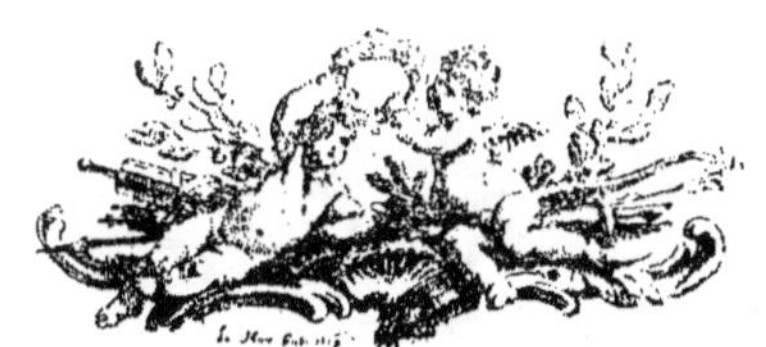